U0937786

Zhongguo Wenhua Zhishi Duben

中国文化知识读本

佤族

主编 金开诚
编著 李咏梅

吉林出版集团有限责任公司
吉林文史出版社

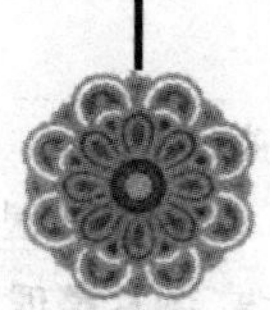

图书在版编目（CIP）数据

佤族 / 李咏梅编著 . 一长春：吉林出版集团有限责任公司：吉林文史出版社，2010.4（2022.1 重印）
（中国文化知识读本）
ISBN 978-7-5463-2916-1

Ⅰ . ①佤… Ⅱ . ①李… Ⅲ . ①佤族 – 民族文化 – 中国
Ⅳ . ① K285.5

中国版本图书馆 CIP 数据核字（2010）第 073027 号

佤 族

WA ZU

主编/ 金开诚 编著/李咏梅
项目负责/崔博华 责任编辑/曹恒 于涉
责任校对/钟 杉 装帧设计/曹恒
出版发行/吉林文史出版社 吉林出版集团有限责任公司
地址/长春市人民大街4646号 邮编/130021
电话/0431-86037503 传真/0431-86037589
印刷 / 三河市金兆印刷装订有限公司
版次 /2010 年 4 月第 1 版 2022 年 1 月第 3 次印刷
开本/650mm×960mm 1/16
印张/8 字数/30千
书号/ISBN 978-7-5463-2916-1
定价/34.80元

《中国文化知识读本》编委会

关于《中国文化知识读本》

文化是一种社会现象，是人类物质文明和精神文明有机融合的产物；同时又是一种历史现象，是社会的历史沉积。当今世界，随着经济全球化进程的加快，人们也越来越重视本民族的文化。我们只有加强对本民族文化的继承和创新，才能更好地弘扬民族精神，增强民族凝聚力。历史经验告诉我们，任何一个民族要想屹立于世界民族之林，必须具有自尊、自信、自强的民族意识。文化是维系一个民族生存和发展的强大动力。一个民族的存在依赖文化，文化的解体就是一个民族的消亡。

随着我国综合国力的日益强大，广大民众对重塑民族自尊心和自豪感的愿望日益迫切。作为民族大家庭中的一员，将源远流长、博大精深的中国文化继承并传播给广大群众，特别是青年一代，是我们出版人义不容辞的责任。

《中国文化知识读本》是由吉林出版集团有限责任公司和吉林文史出版社组织国内知名专家学者编写的一套旨在传播中华五千年优秀传统文化，提高全民文化修养的大型知识读本。该书在深入挖掘和整理中华优秀传统文化成果的同时，结合社会发展，注入了时代精神。书中优美生动的文字、简明通俗的语言、图文并茂的形式，把中国文化中的物态文化、制度文化、行为文化、精神文化等知识要点全面展示给读者。点点滴滴的文化知识仿佛繁星，组成了灿烂辉煌的中国文化的天穹。

希望本书能为弘扬中华五千年优秀传统文化、增强各民族团结、构建社会主义和谐社会尽一份绵薄之力，也坚信我们的中华民族一定能够早日实现伟大复兴！

目录

一 从『司岗里』走出来的民族

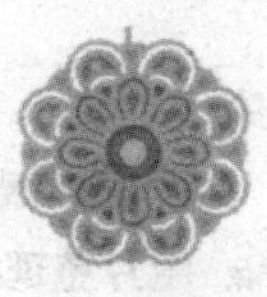

佤族分布在澜沧江和萨尔温江之间的阿佤山区

（一）佤族人口分布及地理环境：

佤族，是居于中国西南边疆的一个古老民族（主要分布在云南），是形成我国山地文化的主要民族之一，也是运用南亚语系——中国孟高棉语的诸民族中人口较多的一个民族。佤族人聚居生活的山岭地区，怒山山脉由南向北逐渐低缓，是澜沧江和萨尔温江的分水岭，主要的大山有照房山、回汗山、四排山、窝坎山、芒告山等，最高山峰海拔 2800 米左右。这里山谷纵横交错，构成数十条大小河流，其中流入澜沧江的较大的河流有勐董河、拉勐河、小黑河、南览河和南垒河，而南定河、芒库河、南滚河、南马河、库杏河、南康河、南锡河和南卡江等则流入萨尔温江。

佤族分布的地理区域，约在北纬22度到24度，东经90度到100度，处在北回归线附近，属亚热带气候。因为海拔高低差别在2100米左右，所以气候垂直变化显著，雨量充沛，土壤肥沃，适宜农作物和其他植物的生长。宜种植的农作物有旱稻、水稻、玉米、小红米、高粱、小麦、白薯、马铃薯、芝麻、豆类、瓜类等；经济作物有甘蔗、花生、油菜、生姜、辣椒、棉花、烟草和各种蔬菜。阿佤山林木茂盛，翠竹成林，有茶叶、紫胶树、橡胶、油桐

阿佤山林木茂盛，翠竹成林

和水果等经济林木。此外，动物资源和矿藏资源也很丰富，动物有野生亚洲象、孟加拉虎、金钱豹、长臂猿、灰叶猴、蜂猴、羚羊、蟒蛇、眼镜蛇、巨蜥、孔雀、犀鸟、翡胸鹦鹉、白鹇（xián）、太阳鸟等上百种鸟兽。地下则蕴藏着铁、铅、铜、银、金等金属矿和煤。特别是银矿久闻于世，明末清初就已经进行了大量开采，所以明末就有“穷走夷方、急走厂”的说法。那时阿佤山西北部一带开办的银矿中就有清代著名的茂隆银矿，该矿是由石屏汉人吴尚贤从内地带来的一批汉族民众与当地佤族人联合开采的，在客观上不仅促进了国家和民族地区的经济发展，也加强

佤族聚居区一景

部分佤族人仍保留着原始的生活方式

了佤族人民与内地人民的友好往来。

佤族是云南独有的民族之一，主要分布在澜沧江、萨尔温江之间和怒山山脉南段地带。其中，约98%的人口居住在云南省，其余的则分散居住在北京、山东、四川、河南、湖南、江苏、安徽、广东等25个省、市、自治区。在云南境内居住的佤族形成了一个佤族聚居区和三个佤族散居区。聚居区是以西盟、沧源为中心的旧称“阿佤山”的聚居区。三个散居区分别是：包括以保山、腾冲、滦河、凤庆等县为中心的北散居区；以思茅（今普洱市）、普洱、

风景优美的云南佤族聚居区

景谷县为中心的东散居区和以西双版纳为中心的南散居区。其中沧源县和西盟县两地的佤族占我国佤族总人口的 50% 以上，是佤族的主要聚居县。佤族人口的地理分布有三个明显特点：其一，扇状分布。以西盟县、沧源县为中心，呈扇状向北、东、南延伸，人口随着中心区的远离而稀疏；其二，大杂居、小聚居的居住局面。在这四个区内，佤族与

佤族民居一角

彝族、布朗族、德昂族、傣族等兄弟民族形成大杂居、小聚居的局面，各民族居住的村寨相互交错，长期而紧密的经济交往，从而形成了兼收并蓄的民族文化，构成了一个个大小不一的文化圈；其三，独特的个性。在大杂居的局面下，佤族保持了本民族的相对集中性，所以在相当程度上保留了本民族的社会生活习惯和民族文化传

佤族的起源传说充满了传奇色彩

统，形成了自给自足的个性特征。

（二）佤族的起源及其历史变迁：

关于佤族的起源，流传较为普遍的是认为佤族是从“司岗里”来的。对于人类起源与“司岗里”，不同的地区有着不同的说法：西盟地区的佤族认为，“司岗”是石洞，“里”是来，意思就是人类是从石洞里出来的；而沧源地区的佤族则认为，“司岗”是葫芦；还有的人认为“司岗”是竹筒等等。人类起源于“司岗里”无论如何解释，都给这个地区的民族蒙上了一层神秘的面纱。在佤族地区广泛流传着关于人类起源的神话故事：路安神开创了天，利吉神开辟了地，天在上，

佤族村寨景观

地在下。起初天和地是用绳子捆在一起的，相距很近。当时还没有人类，只有扫哈（一种类似猫的动物），以后陆续造了水牛、黄牛、马、骡、黑猴、猴、猪、鸭、树、山；再后来又有了狗、马、鹿、麂子、熊、老虎、猫头鹰、花面狗、鱼、松鼠、康弄、司布瓦、康不弄、蚂蚁、飞蚂蚁，然后在地上又造了树，造了太阳和月亮。神造了人类后，把人类放在岩洞里，不让人们从“司岗里”出来，住在里面的人生存困难。但是人们在岩洞里，仍能听到很多动物来凿岩洞，但都凿不开。最后木依吉神告诉人们，让小米雀把嘴磨得像刀一样快，用黑线缠嘴，

佤族人对阿瓦山有着特殊的感情

再去啄“司岗里”，于是“司岗”就开了……佤族先从洞里出来，汉族跟在后面，拉祜族继之，傣族又在后，最后是其他民族。就这样诞生了全部人类。“司岗里”反映了佤族祖先对宇宙生成和人类起源等洪荒时代一系

阿佤山上林木茂盛，古树参天

列重大事件的认识，同时，也对火种、谷物、房屋等起源以及佤族剽牛、砍头祭神等习俗做了解释，这些我们会陆续介绍。

各地区的佤族虽然对“司岗里”解释不同，但都把阿佤山视为人类的发祥地，这也反映出他们是阿佤山一带最早的居民。“司岗里”是佤族对自己本民族古穴生活的回忆。佤族人同样把阿佤山区视为先民的发祥地，这从他们普遍流传的一首民歌中可窥一斑：

“刀把出自竹篷，阿佤来自‘司岗’。祖先在深山里生活，很早就定居在勐卡。弯弯曲曲的南康河水，载走阿佤艰难的岁月。听着叮叮咚咚的泉水。喝口清清甜甜

佤族聚居地山清水秀

佤寨一角

佤族人种植的梯田

的溪水。在这高高的勐卡山上，在这深深的密林之中，大家围住了野猪，镖枪镖倒了野牛。芭蕉叶堆满了兽肉，石秤分得平平均均。打猎的英雄，部落中要数桑木罗。他的弩箭，把斑鸠的双眼穿过。他的长刀，把独猪砍成两截。撒托尼莫俄底板，司岗里莫歹底莫。江……啊……桑木罗……”。里面所提及的佤族祖先生活的地方就是在深山中，这座山的名字自然和佤族相关联，即为阿佤山。

历史上的佤族也因居住地的不同而存在不同的名称：居住在西盟、孟连、澜沧的佤族自称“阿佤”；居住在沧源、耿马、双江和澜沧部分地区的佤族自称“巴饶克”；而居住在永德、镇康的佤族则称“佤”。佤族先民历史上也有不同的称谓。秦汉以前称“濮人”，汉晋称“哀牢”（著名的云南哀牢山亦出现在金庸先生的《射雕英雄传》中，南帝段氏四大弟子之一的书生朱子柳擅用“哀牢山三十六剑”，与郭靖交手），隋唐称“望蛮”、“朴子蛮”、“茫蛮”，宋元称“金齿”，明清称“生蒲”等。

沧源峡谷景观

佤族的先民“濮人”，早先居于濮水一带，因而云南古代“濮人”是历史久远的土著民族。西汉设置不韦等县，东汉设置永昌郡，两汉皇朝统治势力扩及澜沧江以西地区，故“濮人”在其统治之下。唐代，佤族分布地区的北部属于云南大理政权的永昌府地。元朝，佤族居住的地区属于云南行省的镇康路和孟定军民总督府。清沿明制，变化不大。总之，佤族作为一个民族存在，在唐代孕育而成，经过宋、元、明、清等朝代的不断发展，到中华人民共和国成立后，佤族各支系才真正统一，相互认同，定族为佤族。

从唐代以后的记载可以看出，佤族主要从事狩猎、采集、饲养家畜，有的已经形成了初期的农业经济。明清以来的佤族

佤族人主要种植旱谷

社会以农业为主，他们居山岭，种杂粮，同时捕猎仍占重要地位。耕作方法“不用牛耕，惟妇人用钁锄之”。虽有寨落，但“迁徙无常，不留余粟”。19世纪以来，佤族社会发生了很大变化，这主要是由民族间经济文化联系的加强和商品交换关系的发展引起的。聚集地以外的散居地区因受当地主要居民汉族影响较深，部分佤族分布地区的农业状况已与汉族一样属于封建经济了，只是阿佤山中心地区的西盟及沧源部分佤族，还较多地保持着本民族发展的特点，处于原始社会末期或从原始社会向阶级社会过渡的阶段。西盟佤族的社会特点，农业是主要经济部门，以种旱谷为主。

英勇的佤族人曾在中华民族反帝爱国斗争中作出了巨大的贡献。从19世纪末至20世纪30年代，英帝国主义势力曾多次侵入佤族地区，进行刺探情报、勘测地形、密探矿藏等侵略活动，均遭到当地佤、傣、汉等各族人民的英勇反击。

1890年（清光绪十六年），英国的一支“探险队”在500名英军的保护下侵入阿佤山等地，佤族人民“各执兵器”，奋起反抗，吓得英军头目“面如土色，从人亦怕”，狼狈逃窜。

1898年（清光绪二十五年），中英双

美丽的沧源阿佤山

翁丁佤族原始村落

方勘定孟定、阿佤山、孟连等地滇缅边界时，针对英国侵略者意欲占领我方领土的图谋，佤、傣、汉等族人民再次拿起武器，进行了坚决反抗。

历史上，佤族中涌现出许多爱国人士，他们不畏强权，勇敢反抗，即使献出宝贵的生命也在所不惜，他们的事迹与爱国行动已成为阿佤山各族人民学习的楷模，对激发当地甚至全国人民的反帝爱国热情也起到了积极作用，他们英勇顽强的精神和光辉成就，永远激励着西南边疆各族人民不断前进。

二 奇特的佤族婚姻与家庭

阿佤山云海

（一）独特的佤族婚姻三部曲

佤族的婚姻状况也分为三部分：谈恋爱、订婚、结婚，但是，有着佤族自己的独特之处。

婚姻第一部曲：

谈情说爱“串姑娘”（即求爱）。

佤族的婚姻，大都是通过自由恋爱缔结的。结婚的年龄一般在二十岁左右，大多男大女小。但青年男女从十五六岁便可开始参加谈情说爱的社交娱乐活动。这种恋爱活动，俗称“串姑娘”。

“串姑娘”也叫“绯娘绷”，一般情况是这样的：青年男女们利用白天赶集、节日、劳动或者探亲访友的机会聚在一起，玩耍交谈，增进彼此之间的了解，寻找自己的意中人。到了晚上，姑娘们和自己的同姓好伙伴们或在自己家，或者在伙伴家或者在寡妇家，等着小伙子们来。而小伙子们则穿戴整洁，并带上三弦、笛子、葫芦笙等，与自己相处得较好的同姓伙伴来串姑娘。青年们围在火塘边，无拘无束，或打打闹闹，或说说唱唱，对着自己的意中人吹口弦，唱情歌，快快乐乐。

“串姑娘”是以群体方式进行的。在正式确定恋爱关系之前，单独活动的较少。在此活动中，男子始终处于主动地位。除此之外居住在沧源地区的佤族还有一种独

舞台上充满活力的佤族小伙子

特的风俗——“独特然木”，这也是一种恋爱的习俗：当地的小伙子看中了某个姑娘时，便伺机抢走姑娘的项链、手镯、项圈等装饰品，表示向姑娘求婚。即使姑娘心里也非常喜欢小伙子，也要大嚷大叫，假意反抗，装作不满意的样子。这就是当地所称的“独特然木”。女子的装饰品被夺走后，过了两三天不去要回的话，表示姑娘已经接受了小伙子的求爱。于是男女双方就要带着礼物去媒人家，请人占卜，直到卜出最满意的结果为止。最后，男女各自告知父母便可以议定订婚和结婚的日期。

佤族人生活用品

那姑娘怎么选择意中人呢？姑娘们向心

当月亮照亮竹楼，“梳头情话”就要开始了

仪的小伙子表达爱情的另一种方式是“梳头”。这种传统习惯主要出现在双江地区。“梳头情话”独特而有趣，是一种融情、乐、歌、舞、礼、德为一体的特色风情。“司诺”(小伙子)与“崩格”(小姑娘)的恋爱，一般是在秋收时节和冬春之际进行。当月亮出山照亮竹楼之时，“司诺”换好干净衣服，肩挂挎包(里面装着给“崩格”的礼品和烟具等物)，手拿乐器(木琴或芦笙、笛子)，约上几个朋友一起吹弹着乐器到“崩格”家去“串”，享受“梳头情话”之乐，寻求人生的伴侣。

每当夜幕降临时，姑娘依照传统习惯，

拿一张凳子坐在门外屋檐下，等着给自己看中的小伙子梳头，彼此窃窃私语，或边梳边唱。歌词一般是：阿妹，拿出你的好烟给哥抽，拿出水酒喝个醉。月亮挂在树顶上，拿出梳子梳哥头。

“崩格”回唱：隔山隔水不隔音，阿哥的声音如春风，只要阿哥不嫌丑，阿妹哪忘阿哥情。梳完后姑娘才进屋跟小伙子谈情说爱，姑娘的父母自动避开让女儿尽情地谈唱。小伙子知道姑娘的情意后，就给姑娘赠送手镯、耳坠、项圈或梳子、镜子等信物作为定情之物，姑娘对小伙子的礼物一般都不会拒绝，以免伤了对方的自尊心。收下礼物后，双方便确定了恋爱关系。

佤族新村

如果多人同时喜欢一个姑娘怎么办呢？一般姑娘对礼物来者不拒，不管谁送的礼物都会一一收下。因为她们认为，送礼物的小伙子越多，说明自己的相貌、人品等条件越好，越感到光彩。姑娘的父母也会为串女儿的人多而感到高兴和自豪。但对不想继续发展关系的小伙子，礼物会很快偷偷退还给他的。

在西盟地区，佤族男女确定恋爱关系

后，小伙子向姑娘索取漂亮的花头巾、耳环等具体的实物，认为它能代表姑娘的灵魂。然后请媒人拿着告诉小伙子的父母："你的儿子把姑娘的灵魂拿回来了，看你们是否同意？"这时父母才知道儿子有对象了，便立即滤水酒，杀鸡做鸡肉饭，请亲属、朋友来吃，将喜事公布，并杀鸡看卦，占卜吉凶。然后由媒人端一碗鸡肉送给女方父母，并告知卜卦的结果，征询对方的意见。如果卦象不好，父母也不同意，男女双方的感情又不深，则女方家赔偿男方招待亲朋好友和卜卦的费用，婚事告吹。如果男女感情确实很深，坚持这门婚事，父母也就不再阻挠，尊重孩子的意见。但也有少数家长干涉子女的婚事

佤族风景区的游客和佤族小伙子

的，尤其是女方父母的干涉较为明显，若二人感情坚贞不屈，就双双逃出寨子过日子，以示反抗，然后过一段时间再回来，此时，“生米已煮成了熟饭”，父母也就作罢，同意二人的婚事。看来，婚姻的成败关键还是看小夫妻的意志和智慧。

佤族姑娘和小伙子

婚姻第二部曲：

带上礼物来“和翁”（即订婚）。

经过“串姑娘”，男女双方确定了恋爱关系后，便由男方向女方求婚，定日子，小伙子要不断地送姑娘家礼物：请媒人做伴，带着酒、烟、茶、芭蕉等礼物去女方家求婚；然后带着同样的礼物，去姑娘的舅家，因为在佤族人的观念中，舅舅的地位非常重要。如果女方父母和舅舅都同意，姑娘本人也没有意见，就收下礼物，小伙子再带上同样的礼物去姑娘家“和翁”，即把婚事日程进一步定下来，确定订婚的日期，举行订婚仪式。

订婚仪式比较简单：

由男方滤好水酒，杀鸡，煮肉，做鸡肉烂饭，请双方亲戚好友和长老聚餐。饭后，男女伙伴们唱歌、跳舞，以示庆贺。这时，婚约才算定下来了。定亲后，男女双方不得和异性交往过密、自由另串，否则会受到另一方的严厉惩罚，甚至解除婚约。订婚后，小伙子经常去姑娘家帮助做农活、送礼物，

佤族村寨，拥有许多独特的民俗传统

作为娶走妻子的补偿，少则几个月，多则一两年，同时也是取得女方亲友的信任和赞扬的途径之一。这种形式带有从妻居到从夫居过渡的痕迹。佤族姑娘出嫁，父母要为她准备嫁妆。嫁妆主要有衣服、被盖、纺织工具和生产工具。姑娘出嫁时所戴的银器饰品一律不陪嫁，而是采取借戴的形式，借戴一两年后归还娘家，要不就由新郎家出钱购买。

佤族男女青年载歌载舞

婚姻第三部曲：

欢天喜地来抢亲（即结婚）。

根据佤族的风俗，男子 20 岁，女子 18 岁就可以结婚了。婚礼一般选择在秋季秋收后举行。这是因为这段时间粮食较为富裕，可以支付请客和结婚费用，也有能力酿酒，而且是农闲季节，时间充裕，人多热闹。也有在旧历正月结婚的，但正月禁忌太多（比如不能吃甜、酸等食品，认为吃了会生病等），不能像秋季那样尽兴。

佤族的婚期一般为四天：第一天，寨子里前来参加婚礼的人群络绎不绝，他们带着礼物，带着对新人的祝福。寨子里的长老为新婚夫妇唱起祝福的歌。男方家剽牛、宰猪、杀鸡、滤水酒招待客人。晚上，

佤族有很多独特的婚俗

青年男女围成几圈，唱歌跳舞，直至午夜。第二天，新娘家杀猪、做饭招待客人。第三天，新郎给新娘家送去聘礼，正式把新娘接回新郎家里来。聘礼和彩金一般由三部分组成：奶母钱，表示感谢岳母的养育之恩，数额不多；“买姑娘钱”，一般为数条牛的价钱，可以婚后支付；彩礼费，一般送些谷物、猪、鸡之类的，以及部分结婚用品和送给女方家的礼物。第四天，在男女同伴的陪同下，新婚夫妇下地劳动，回来后婚礼才算圆满结束，这是佤族婚俗的一个特点，体现了佤族人民不忘劳动的优秀品质。

抢亲，是佤族的婚俗形式，一般在婚礼举行之前。但不是随随便便就可以抢亲的。在佤族的规矩中，一般要双方真诚相爱，道德高尚的青年人才能进行抢亲。倘若男女双方没有具备这些条件就发生抢亲行为，会被视为败坏寨子风俗，甚至会被处以罚款或赶出寨子。

抢亲是佤族的一项隆重的结婚仪式，具体的形式是：在结婚这天，新郎请来几个身强力壮的好朋友，酒肉招待后，整装向新娘家进发。新娘家见抢亲的队伍来了，忙给新娘穿戴梳妆，打扮完毕后紧闭房门，由父母、兄长们手持棍棒守在新娘旁边。抢亲的人见此情景，就得绞尽脑汁，利用各种计策调虎离山，想方设法将新娘身边的“卫士”调开，比如在新娘家的竹楼下燃起一堆大火，或者，将蜜蜂放到竹楼的门口，想趁混乱之机，抢走新娘。假如新娘的“卫士”不上当，新郎只能来硬的——强抢。新郎必须拿出冲锋陷阵的本领，一马当先地带领伙伴们一拥而上，拆下门板，掀开草垛，冲进竹楼。这时，守卫新娘的人便挥舞棍棒，不让他们靠近新娘，而抢亲者按规矩又不能还手，只能忍痛冲入，抢走新娘。只要将新娘抢到竹楼外就算大获全胜，“战役”结束了，“卫士”也不再阻拦了，就

佤族舞蹈

帅气的佤族小伙子

可以顺利地举行婚礼了。

抢亲还可以由男女双方约好抢亲的地点，新娘穿戴打扮后，在装作若无其事的状态下被抢去，新娘家的人也象征性地故意吆喝几声、追赶一阵作罢，事后，男方托媒人带着聘礼去女方家。不管哪种方式的抢亲都是一种有寓意的形式：让小两口历经磨难，以后道路平坦。同时也起到了振奋人心的作用，给参加新婚的人们带来一段美好的回忆。

（二）婚姻的其他方面：

因为佤族青年男女的婚姻大多建立在自由恋爱的基础上，所以离婚率较低。在旧社会，妇女离婚后再嫁要得到前夫的同意，由

漂亮的佤族姑娘

新夫赔偿前夫结婚时所花的一切费用。如果未经前夫的同意而再嫁，前夫就有权抄其新夫的家，将其财物“洗劫一空”。过去，佤族也有转房的习俗。如女方不愿意转房，也可另嫁，但必须由新夫家付聘礼给亡夫之弟或同姓家族。夫妻不和，也可以离婚，但若为男方主动提出，则不退聘礼；若女方提出，则要退回聘礼。现在的情况有所好转，如果因为感情破裂而离婚，会得到社会的支持；但若是一方抛弃另一方，则会受到社会舆论的谴责。离婚后，如女方再嫁，由新夫赔偿前夫的聘礼。

佤族反对同姓结婚，视同姓结婚或同

佤族传统民居

居为“乱伦”，并把它作为本民族的禁忌。因为他们认为同姓的人有血缘关系，血统相近的人结婚，不利于后代的健康。需要指出的是，佤族所说的同姓不婚，指的是氏族内部的同姓不婚，并不泛指氏族外的同姓不婚。由此可以看出，佤族所主张的同姓不婚与我国法律中禁止近亲结婚的规定不谋而合，体现了佤族先进的婚育观。

（三）家庭与家族

佤族的家庭是典型的一夫一妻制的父系制小家庭，（历史上也有多妻的现象，在一夫多妻家庭里，正妻在家庭中没有特殊地位，妾也不受歧视。）每一个小家庭都是一个经济和生产单位，是一个独立的个体，也是社会的组织细胞。在佤族家庭中，丈夫是家庭的中心，掌握着经济大权，夫死，子为家长，妇女处于被支配的地位，类似于我国封建社会时代的“三从礼法”，即在家从父、出嫁从夫、夫死从子。

多子的家庭，父母会选择一个儿子养老，通常会选一个爱劳动、勤快、听话的儿子留在身边，佤族的习惯叫法是：留在“老房子”里，其他的儿子结婚后分开住，但都共同承

男子在佤族家庭中处于支配地位

担赡养父母的责任，有着共同的财产继承权，只是留在“老房子”里的儿子有更多的优先权。

佤族家庭成员分工很明确：成年男女都必须参加农业生产劳动。通常是男主外、女主内，男子的活主要是赶集、打猎、打仗、犁田、耙地、盖房子等；女子则承担织布、舂米、煮饭等，算得上是“男耕女织”的

佤族民居内部结构

日子。五六岁起，孩子就在家帮助家庭做活，十四五岁就与成年人一样参加主要的农业活动了。

佤族每个家族都有自己的姓氏。姓氏的来源，有的是祖先名，有的是曾经居住或经过的村寨名或地名，有的则以某一特殊自然现象命名。在佤族的姓氏中，有一个特殊的现象：有些姓氏来源于神话传说。据佤族人讲：人类从“司岗里”走出来时是没有姓氏之分的。一天，有一颗巨大的星宿掉到地上，人们就把星星肉分吃了。在分肉的过程中，有人把背包放在田埂上，即为后来的“耿”家族；把背包挂在大青树（榕树）上的，称“央茸”家族；把背包挂在树尖上的称为“斯古”家族……于是形成了佤族不同的姓氏之分。佤族村寨是一个经济、政治和军事单位，十几个甚至几十村寨组成一个部落。部落成员有一定的权利和义务，也有共同的政治、军事和宗教方面的活动。每个村寨都有“窝郎”“头人”“魔巴”，负责管理村寨的政治和宗教事务。此外，同一个家族的成员，是一个有着共同利益关系的整体。每个家族都有自己的族长，有公共的墓地，有共同的宗教活动；家族成员之间有互相帮助的义务，有相互的财产继承权和代偿欠债的义务等，家族内部严禁通婚。

佤族给婴儿取的名字，是有性别区分的，男孩的排名为：艾、尼、散姆、赛等，女孩为：叶、伊、阿姆、欧等。佤族的名字分两部分，第一部分是排行，第二部分是本名，两个部分组成一个人的真名或者全名。佤族人名有的取自天干名，有的取自地支名，有些受汉文化影响，有的带有一种精神寄托。例如取“保”“老”“散”“然”等，其意思为“保重”“流传”“掌管”“坚硬”等。取“保”名是祝愿他长大后万事如意，取“老”名是愿他成为名扬天下的好人；取“然”名是盼他像岩石一样坚硬，

佤族民居大门

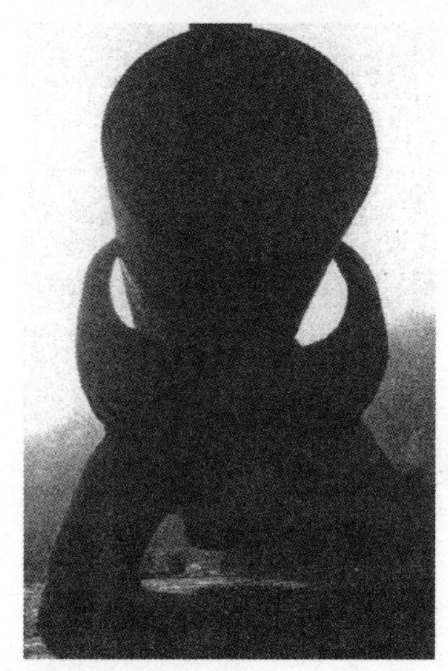

佤族人忌讳任意进入木鼓房

佤族人忌讳送人辣椒

不怕艰难险阻，借此表达父母的祝福和愿望。一个婴儿出生，若是长子，生于属乙巳的日子，取天干名就叫艾那，取地支名就叫艾社。若是长女，可以取叶那或叶社。为避免和父母的名字重复，男孩可以取出生后三天的天干地支名，女孩可取出生前一天的天干地支名。另外，佤族的名字还有一个特点：父子联名制，即儿子的名字加上父亲的名字即为儿子的名字，如“比里松”，“比里”是“松”的儿子。居住在一个寨子里的人们习惯称呼对方的排行，以示尊重、亲切，家庭中亦然。当然别人称呼真名时，也不带任何感情色彩。

在日常生活中，也有一些禁忌，例如：不能骑马进寨，须在寨门口下马；忌别人摸头和耳朵；女性不准随便乱抓男性的头发，男性不能触女性的脚；忌送人辣椒和鸡蛋；忌任意进入木鼓房；忌讳送给少女装饰品；忌讳客人在家里坐妇女坐的鼓墩或数钞票，因为在佤族人家里数钞票被认为不吉利，将要有灾祸；若门前放一木杆，说明家里有病人，忌外人进入；待客时不能把第一碗酒或茶敬给客人，要自饮以示无毒；孕妇忌食因叫魂、献神所宰杀的动物肉食品等。

三 『穷考罗』——佤族的庆典

佤族人把木鼓当作灵物来崇拜

（一）神器——木鼓的起源和发展演变

木鼓是佤族的各种器物中最神圣、最尊贵之物。古往今来，佤族人民把木鼓当做灵物崇拜，认为敲木鼓可以通神灵，驱邪魔，降吉祥。而以《木鼓舞》为整体的《甩发舞》以其古拙、粗犷、狂野和奇美的木鼓舞风震撼着人们的心灵，风靡大江南北。然而，佤族木鼓最初并不是作为乐器发明的。根据老毕哉（佤族中专门主持宗教活动的长老）的讲述，我们可以知道：

在阿佤山这块古老而又肥沃的土地上，气候温和，雨量充沛，很适宜农作物和经济作物的生长。部分佤族先民们从远处迁来此地居住，开荒种植农作物和经济作物，但是人们种植的庄稼经常遭到野兽的糟蹋和破坏，人们因为居住地的简陋，无法防御毒蛇、猛兽的袭击。一天夜里，牙懂一家遭到野兽的袭击，情况十分危急，情急之下，牙懂的妻子拿起石头敲响了身边的一段空心树桩，巨大的响声吓跑了野兽，牙懂一家获救。这种方法为族人所用，人们为保护庄稼和生命的安全，夜间经常敲木桩来防止野兽的危害。而牙懂和妻子认为这是上天赐予的神器，是一件消灾避难的神物，为了使这个神物永久存在，二人商量决定凿

牛铃

佤族传统舞蹈

佤族人用舞蹈欢庆节日

一只像空心树桩似的很响的大木鼓。为了达成这个愿望，牙懂不辞辛苦，日夜奋战，却没有凿成一只有理想效果的木鼓，对此，牙懂百思不得其解，就去问妻子。妻子掀起裙子指着自己的下身说："你看着我的下腹照着去抠凿，才能抠凿出声音好听的木鼓。"牙懂照着做，终于成功。这个故事类似于汉族的用放鞭炮的方式来驱逐猛兽"年"的习俗。

在漫长的年代里，人们没有足够的能力来战胜险恶的自然环境，而流传下的木鼓又带有神奇的色彩，于是人们在夜间敲木鼓，以恐吓野兽，为自己壮胆，同时也驱除了寂寞、冷清。当时，如遇有战争等紧急事态则

佤族神秘的木鼓房

用木鼓示警集众；猎手捕获虎豹等野兽，也要击鼓表示敬意。逢年过节或宗教祭祀之时，木鼓更是振奋人心的乐器。不同的敲法，可以使木鼓产生不同的声音和曲调，铿锵有力，节奏交错，形成了一种特定的“鼓语”，能够表传人们的喜怒哀乐。这使得木鼓渐渐地向打击乐器的方向演化。20 世纪 70 年代以后，木鼓经过改制，成为佤族最具有代表性的一种乐器，登上了新时代的文艺舞台。同时，人们为了丰收，向神灵祈祷，产生了原始的宗教祭祀活动。以木鼓为中心，产生了包括音乐、舞蹈、宗教、历史、文学等多种艺术形式，丰富了佤族的历史。

随着历史的演进，到了农耕时代，木鼓已被神化为“通天的神器”。“生命源于水，灵魂求于鼓。”产生了司欧布女鬼和天神木依吉的传说故事：司欧布是佤族先民中的母系氏族首领，“掌管谷子生长”。在佤族先民的心中，她是至高无上的神灵，为此，把她物化为神灵供奉起来。而木鼓是通天的神

佤族人围着木鼓跳起舞蹈

器，木鼓一响，司欧布女神和天神木依吉就知道人们在向他们祈求，于是就会给人们降临丰收和欢乐，免除灾祸与痛苦。由此，佤族先民们不仅给木鼓加盖了木鼓房，而且还派有专人（窝朗，即寨王）进行管理和保护。而且，每年都要举行最盛大的仪式，由“毕哉”主持祭祀木鼓，杀黄牛数头为供品。远古时代，佤族人祭祀木鼓时常用人头，特别是有浓密胡子的人头，于是，族内的猎人常以仇人或过往的行人为猎取对象，因为人们相信浓密的胡子象征着浓密的庄稼，以这样的人头祭祀，庄稼定会长势很好。新米节献祭木鼓词这样

佤族人载歌载舞庆祝节日

唱道："木鼓啊木鼓，我们猎得人头来祭你，保佑村寨得平安，保佑人畜不生病。木鼓啊木鼓，我们猎得人头来祭你，保佑谷物得丰收，人们有吃有穿。"解放后，这种风俗就被革除了。

除了作为神器外，木鼓还充当着礼器和乐器。木鼓作为礼器主要体现在佤族的婚丧嫁娶中：结婚时，敲响神圣的木鼓，使得气氛更加喜庆热闹，以表示庆祝，表示欢迎新娘成为新郎家中的新成员，同时也有祈福禳灾的含义。在丧事中，木鼓显示了死者非同一般的社会地位，因为在佤族社会中，只有德高望重的长老逝世，才会敲响木鼓，其他

佤族人身着节日盛装，边歌边舞

改革后的木鼓舞，已经不再是祭祀舞蹈

人逝世，只鸣枪或敲锣。为长老敲木鼓，一则是为了报丧于亲朋好友，二则可以驱鬼避邪，使死者亡灵顺利回到祖先居住的故地。此外，播种、建房、出行、集体出猎等各种重要活动之前，佤族人都要祭祀木鼓，敲响木鼓以显示活动的隆重，并以此向神灵祈求好运或丰收。而《木鼓舞》则是佤族人民的传统舞蹈。目前，木鼓纯粹是一种打击乐器。改革后的木鼓舞，已经不再是祭祀性的舞蹈了，而是为举行盛大的庆典、节日活动而跳的，表达了佤族人民对党、对新社会的祝福，以及对新生活的热爱。

（二）"穷考罗"——拉木鼓

木鼓，又叫木槽鼓，是佤族最重要的

佤族人无论男女都十分擅长歌舞

红椿树是制作传统木鼓的主要原材料

佤族的民俗活动——抽陀螺

祭器和神器，也是佤族原始宗教的崇拜物和神的象征。它不仅是佤族远古文化的典型象征，而且是佤寨的标志。它象征着幸福和吉祥，传承了佤族文化，代表了佤族的自然性格和图腾崇拜。总之，佤族木鼓的文化内涵极为丰富。

过去，佤族笃信原始宗教，每年都要照例举行多次大型的“祭鬼”仪式。于是木鼓就成了一种独特的祭祀工具。木鼓身长约 1.5 米到 2 米，直径约 0.5 米到 0.8 米，传统的木鼓以红椿、红树为原材料，用圆柱体优质硬木红毛树制成。鼓身挖一条长 1.3 到 1.4 米、宽 0.5 到 1 米的直槽，以舌尖状凿进树心，深约 10 到 15 厘米。切面

刻有牛头的木鼓

图像一个倒立的“T”型。树心基本上被掏空，以便敲击时发生共振。木鼓的凿刻有规则，难度很大。有的木鼓外壳上还凿刻有牛头或三角形浮雕纹饰。木鼓看似粗糙，实则需要很高的工艺水平。木鼓声音洪亮，有高、中、低音之分。木鼓又有公、母之分，公木鼓声音中低，较为粗重；母木鼓声音较高，清脆。

“穷考罗”，又音“究考罗”，即砍、拉木鼓，是我国佤族最热烈、最隆重的庆典和祭祀活动之一，是一项整个村寨人都要参与的盛大活动。木鼓的制作，分为选料、拉鼓、制鼓、上架等四个过程，合称为“拉木鼓”。

佤族人用舞蹈来表达对生活的热爱

神山木鼓——佤族人的祭祀圣地

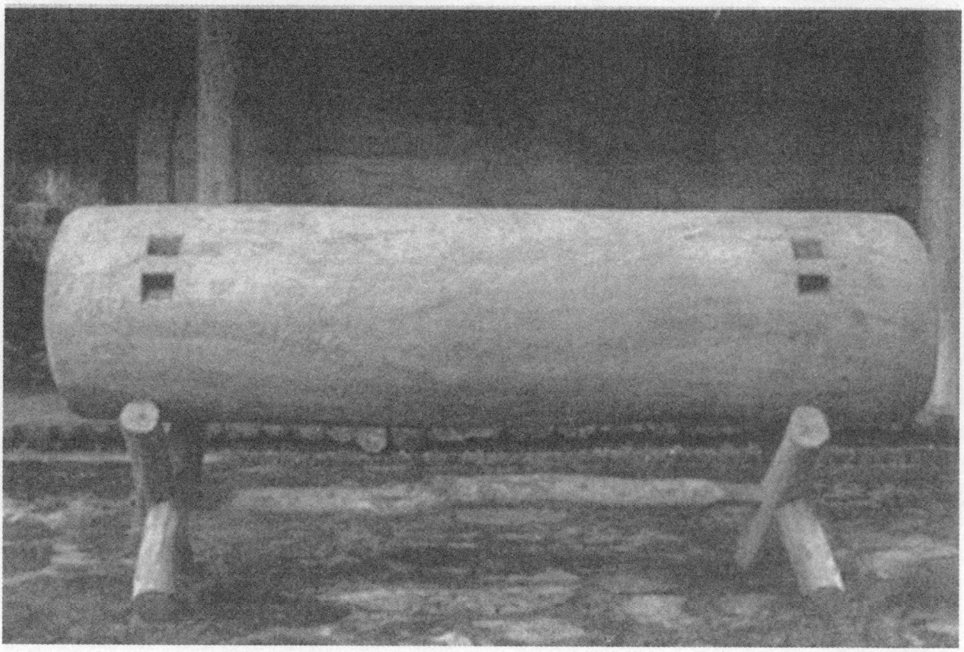

勤劳的佤族妇女

具体做法为：事先选好一棵上好的大圆柱体优质硬木红毛树，等到“穷考罗”这天，一大早，由寨子里的头人、巫师率几十个强壮的佤族汉子上路趁黑夜赶往选中的红毛树下，献上祭品，鸣枪驱鬼，由“毕哉”念上几句咒语、祈祷，然后挥斧砍几下，接着轮流砍伐，昼夜不停，直至砍倒大树为止。树砍倒后，精选一段两米长的树干截下，系上四根粗藤条，由众人齐心协力拉回寨子。拉的这天，全寨集体出动，着盛装，男性边拉、边唱、边跳；妇女呐喊、助威；老人、小孩送水、酒、饭。“毕哉”手举树枝骑在树身上喊号子，领唱“拉木鼓”歌。其中有段歌词为：“我们把木鼓

佤族人精选粗壮的树干来制作木鼓

木鼓房是佤寨重要的建筑物

拉回村寨，剽牛来祭你，保佑我们丰收富有，保佑我们的生活过得美好。今后我们要剽更多的牛来祭你。”木料拉回寨里，整个村寨充满着节日般的欢乐，青年男女通宵达旦地载歌载舞，庆祝木料进村。等“毕哉”杀鸡占卜，选好时辰后，由木匠开始制作木鼓。大概一个多月后，木鼓制作完毕，最后将木鼓架到木鼓房。到此，拉木鼓算结束了。木鼓房是一间棚子，房顶成人字形，以竹片叠压而成，近似瓦房。房架用木叉和竹子架成，没有墙壁。每个佤寨都有木鼓房，木鼓房内置一对木鼓(一公一母)。各姓有各姓的木鼓，同姓的人居住于本姓氏的木鼓房附近。

拉木鼓活动是佤族先民们面对强大的自然而寻求自我保护意识的反映，也是后人对先民智慧的继承和发展，它增强了佤族人民的团结精神和集体向心力以及归宿感，使人们意识到，只有和集体紧密联系起来，才能发挥自己的作用，离开了集体，自己的力量将显得无比的渺小，个人将无法抗拒各种灾害和危险。这也证明了只有靠集体的智慧和力量才能够战胜困难这一深刻的道理。正是这种强烈的集体意识，才使得佤族人民在残酷的自然环境中生生不息。

四　异彩纷呈的佤族艺术

佤族的艺术历史悠久，异彩纷呈。尤其是音乐、舞蹈、绘画等成就较高。这些优秀的文化艺术凝聚了佤族人民的心血，是佤族人民集体智慧的结晶。而其中的民间音乐及舞蹈，具有广泛的群众性，成为佤族人民生活中不可缺少的精神食粮。佤族俗语说：“没有歌舞，吃饭不香。”可见佤族人对歌舞的偏爱。

（一）种类繁多的歌曲、乐器

能歌善舞的佤族人善于用音乐来表达自己的喜怒哀乐，喜欢在跳舞的时候唱歌，而且喜欢运用比兴手法，不习惯平铺直叙，如妻子把丈夫比做针，自己比做线；父亲把心爱的儿子比做自己身上佩戴的小刀；老人们把男女青年比做房顶上的茅草和夹茅草的竹

佤族人庆祝拉木鼓节

条等等。由此可见，佤族的音乐具有原始、朴素、健康、优美的特点，其歌曲以质朴的音调和粗犷的风格抒发人们的感情，是人们寄托精神的主要手段，颇有先秦民歌和《诗经》的意味。

佤族舞蹈表演

佤族的民间歌曲是从社会生产生活中来的，与现实生活紧密相连，是佤族历史和社会发展的真实写照，是佤族人民劳动和智慧的结晶。佤族的歌曲演唱一般是一人独唱或者一人领唱众人和唱，同时配以简单的舞蹈和打击乐器。在歌曲中，常常出现一些衬字，如“江三木罗”等，别有一番滋味。佤族的民间歌曲既有感激司岗里、歌唱司岗里的歌、铿锵激昂的拉木鼓歌、曲调欢畅的剽牛歌、节奏舒缓、情真意切的送客歌、节奏缓慢、气氛压抑的悼念歌，又有舒展豪放，具有山野味的劳动歌；既有旋律舒展、委婉动听的情歌，又有低沉压抑、节奏舒缓的孤儿歌；既有节奏轻盈、热烈欢快的娱乐歌，又有短小轻巧、上口易记的儿歌和清悠细腻的催眠曲。佤族的风俗歌是反映佤族风俗习惯和风土人情的歌曲。风俗歌在特定的时间、环境下演唱，是佤族歌曲中比较古老的一种。

佤族小伙子演唱歌曲

它往往与一定的舞蹈形式结合在一起，其内容有盖新房时唱的盖房调，婚宴上唱的结婚调，打猎时唱的打猎歌，人死时唱的哭丧调等。演唱一般是以领唱、合唱的方式进行，领唱者多由一名长者担任，众人又重复合唱，节奏感强烈而稳重，旋律进行平稳，具有一种原始朴素的风格。

在漫长的历史发展过程中，佤族依据自己的日常生活及生产经验，对自然现象和万事万物有了自己的看法，形成了具有民族特色的、人情味很浓的佤族歌谣。例如史诗《司岗里》里对雷、雨、云、虹的形成作出了如下有趣的解释：

天空舍不得大地，天空气嘟嘟，

大雨是它的眼泪，雷鸣是它的愤怒。

……天空怒气不息，人类无法舂谷。

人类向天空道歉，人类送去了礼物，

金色的谷糠扬起……

化成朵朵彩云，送给天空一件花

在佤族史诗《司岗里》中有对云彩的有趣解释

在漫长的历史发展过程中，佤族人对万事万物和自然现象有了自己的看法

衣服。

五色缤纷的彩虹，是镶在衣服上的花边，

人类开拓了天地，人类打扮了蓝天。

也有关于人们珍惜粮食、颗粒回收的歌谣：

在佤族的歌谣中有很多关于珍惜粮食的内容

小米、小米，你们生长在地里，是为了给人吃饭，吃了你人才会长大。一粒谷子，一颗小米，不掉在泥巴塘里，不掉在水牛脚里。不丢你在打谷场，不丢你在树脚底，不让你流进大河里。我们把你驮回家，放在干燥的房子里。

在佤族的习俗歌谣里，有些反映了佤族人民追求美好生活的强烈愿望，如《古战歌》就表现了佤族人民压倒一切敌人的坚强决心和英雄气概：

每人背三把长刀，我们一起走出寨门。打仗战胜你敌人，打仗象征你必亡。你像豹子像猛虎，你会跳来我会飞。

此战歌文字虽短，却字字千钧，掷地有声，艺术上别有风格，独具特色。

佤族的情歌有抒发对爱情的坚贞和专一的，有抒发离愁别恨的，有表达纯洁、崇高的感情的，也有表达为了追求婚姻自由、不畏艰难险阻逃婚的决心的，如《我们跑出去住》就是一首逃婚诗：阿哥呀！请你不要着急，如果在路上饿了，我们吞唾液，唾液吞干了，我们就像风猴喝风充饥。

除了这些之外，佤族民俗歌谣中还有描写孤儿悲惨身世的孤儿歌，多叙述孤儿所受的压迫，唱得声泪俱下。也有表现儿童天真、活泼、勇敢、向上的精神面貌的儿歌，每逢

佤族孩子们喜欢唱《月亮歌》

月白风清的夜晚，全寨子的孩子们便聚集在广场唱歌、跳舞、游戏，这时，孩子们喜欢唱起《月亮歌》：小朋友啊，月亮亮了！月亮光，白又亮，是我们跳舞的好时光，让我们热热闹闹地跳和唱。我们的新月亮，新月亮照得亮堂堂，是我们打扮的好时光，让我们也和月亮比漂亮。

另外，佤族还有着种类繁多的乐器，它们极富特色。其中，吹管乐器有发音高亢明亮的当篥（短笛）、柔和的篥西（四孔箫）、音量较小、音色柔和的瓦格洛（小独笛）、音色低沉浓郁的嗯就（二孔箫）和曲调委婉的拜洪廖（葫芦丝）及音色细

佤族人的主要乐器——拜洪廖（葫芦丝）

佤族特色乐器——象脚鼓

腻甜美的合朗（口弦）等；弓弦乐器有豪放音大的沙争（独弦琴）等；弹拨乐器有清亮柔和的小三弦等；打击乐器有尊贵神圣的克落（木鼓）、有椿木制成的格兰（象脚鼓）等。每一种乐器都体现了佤族人民对艺术的热爱和生活的热爱。

（二）风格各异的佤族舞蹈

在民俗文化活动中，民族舞蹈是必不可少的节目。香格里拉几乎每一个村庄都有各自不同的民族歌舞。藏族的弦子、锅庄、情舞、牦牛舞、热巴舞潇洒飘逸；维西傈僳族的阿尺木刮豪放有力，颇具震撼力和感染力；纳西族的阿卡巴拉，彝族的达体舞矫健飘逸、热情奔放。而佤族的舞蹈体现了其特有的古朴、粗犷、热情、奔放的民族舞蹈特点。佤族的舞蹈题材广泛，风格各异，有原始古老的祭祀舞蹈，有反映劳动生活、传播生产技能的舞蹈，也有逢年过节时喜庆的娱乐性舞蹈，还有语汇丰富、舞姿优美的表演舞蹈和模仿各种动物的舞蹈。这些舞蹈有助于我们了解和研究这一古老民族的文化艺术。

佤族人民喜爱歌舞，常见的舞蹈有“木鼓舞”“甩发舞”“舂碓舞”等。逢年过节，

佤族群众会自动地聚到一起歌舞三天。他们唱歌的调子很多，主要有以《木鼓调》为主的哀歌，以《贺新房》为主的喜歌，以《芦笙调》为主的欢歌，根据不同的内容唱不同的调子。

木鼓舞：

作为佤族人民生活中崇拜的神器——木鼓，同样也是舞蹈伴奏乐器。木鼓舞是广泛流传在佤族村寨中最古老、最有代表性的民间舞蹈之一。当工匠把木鼓制作好后，试敲满意了，就把它抬入木鼓房上架，接着大家就迫不及待地挥槌敲打，狂欢起舞。木鼓舞分别有《拉木鼓》《跳木鼓房》《敲木鼓》和《祭木鼓》等舞蹈动作，其中，《拉木鼓》

佤族是一个喜爱歌舞的民族

佤族舞蹈题材广泛，风格各异

（克鲁克罗）表现的是人们把选好的大树砍倒后，把截取的那段拉回寨子旁的整个过程。其动作稳重、古朴、粗犷，风格浓郁，独具特色，充分表现了佤族人民剽悍的气质和团结奋斗的精神。《跳木鼓房》（格捏克罗）表现的是人们把木鼓拉到寨内的木鼓房旁边的场地上后，寨民们围绕着木鼓跳舞。这种舞蹈动作简单，风格突出，体现了佤族人民克服重重困难，把木鼓拉回家的喜悦心情和对主办拉木鼓人家的美好祝愿。

剽牛舞：

西盟的阿佤人，每遇有大事，都要“剽

牛头在佤族人的心目中具有特殊的含义

牛”，即“剽牛节”。剽牛是把牛拴在场中央的木柱上，先由“毕哉”一刀把牛尾巴砍下来，然后小伙子们一拥而上，争抢牛肉。谁抢到的牛肉最多，谁就是优胜者，特别是抢到牛角者，更被众人视为英雄，以此来表现勇敢精神。而“剽牛舞”就是在剽牛当天和第二天傍晚，在剽牛主人家竹楼上进行的男性祭祀性双人舞蹈。“毕哉”左手端着盛满水酒的竹筒，右手握一标枪走在前面，边走边唱，泼洒水酒，挥动标枪驱邪，之后又捧上一块牛肉，念念有词地敬祈平安；另一舞伴吹着芦笙伴奏跟随，舞步相同。两人在屋内来回往返，约十分钟后结束。其动作稳重、端庄、严肃。群众性的“剽牛舞”在主人家旁边的剽牛场上举行，跳法与自娱性舞蹈相同，只是唱词以剽牛祭祀内容为主。大家围着篝火，夜以继日地尽情欢乐。《剽牛舞》的配歌为：“为感谢小米雀的恩情，我们剽牛来祭祀，求祈村寨平安、谷物丰收。”

除此二者之外，佤族的民间舞蹈还有在佤族村寨中流传最广、最为普及的“舂碓舞”，剽牛祭祀时的“打铓舞”，以碓杵击竿伴奏而得名的“碓杵舞”，丧事舞蹈的“扫帚舞”“捣耳朵”“摇篮舞”，民间祭奠的“棺材舞”，狩猎舞蹈有“猎豹归来舞”，热闹喜庆的“象脚鼓舞”，盖新房时表演的“大鼓舞”，要求偶数人员表演的“甩发舞”，（甩发舞是广泛流行于佤族妇女中的一种舞蹈。《甩发舞》的产生年代很久。佤族妇女酷爱长发，以长发为美，从小习惯长发披肩。每当妇女在水竹槽下用水洗净头发后，就要低头梳妆，甩发晾干、整型；后经人们整理提高成为《甩发舞》。）群众自娱性舞蹈有“毯子舞”“欢乐舞”等，每一种舞蹈都是佤族人民真实生活的写照，蕴含了丰富的内容和很高的艺术价值。它们植根于阿佤人民的生活之中，虽历尽沧桑，却世代相传，经久不衰。

佤寨外是茂密的丛林

沧源崖画是佤族的艺术珍品

（三）绘画与雕刻

佤族的雕刻与绘画古朴久远，如房上的木刻人和“神鸟”形象简洁明了，十分逼真。佤族的绘画和雕刻都与佤族神话传说和宗教信仰有着密切的关系，它们形象地表达了佤族的宇宙观和宗教观，同时也反映了佤族文化的重要内容。

佤族的绘画一般体现在大房子的四面木板墙上，绘画者通常是佤族知识分子“毕哉”，作品多是大小不同的人物，以及马、骡、牛头、鹿头和麂子头的图像。按佤族宗教礼仪，图像必须画在恰当的位置上，如牛血多涂画在房内的柱子上，黑炭多画于板壁外，绘画原料有牛血、石灰、木炭等。佤族有文身的习惯，男性最为普遍，大多数为年长的男性，女性也可文身。佤族男女大都文身，男子多在颈下、胸前、脊背和四肢绘刺花鸟、牛虎图案，妇女则在颈下、胳臂和腿上绘刺各种形状的花草。文身多刺在人的胸前、脊背和四肢上。常见的文身图案有三角形、十字花点、小鸟、几何图和带有犄角的牛头以及龙、蛇、虎、豹等，内容很丰富，人像、禽兽的各种姿态生动有趣，描绘了中国古代佤族人民进行狩猎和农业劳动的情景。

佤族人民善于雕刻。在佤族村寨中，处处可见雕刻有人物或动物的图案。佤族

沧源崖画是我国目前发现的最古老的崖画之一

沧源崖画是研究云南各民族原始生活的宝贵资料

的雕刻工具有凿子、斧头、大刀、长刀和小刀，雕刻刀法粗放，其外形轮廓与姿态生动感人。从佤族的雕刻艺术中可以折射出佤族社会生活的许多特点，因此佤族的雕刻艺术是佤族人民的宝贵史料和艺术珍品。

（四）艺术瑰宝——沧源崖画

到临沧，最值得一看的是沧源佤族自治县内的神秘崖画。云南沧源崖画位于云南沧源佤族自治县境内，是云南少数民族艺术遗产中的瑰宝。沧源岩画十分有名，是佤族艺术的珍品。这些崖画图案皆呈红色，绘画的染料多采用当地所产的赤矿粉、植物，用牛血调和制成，画面是用羽毛和手指勾勒而成。

崖画共有 11 处，集中分布在勐省河流域的半山区，方圆数十里，它们集中体现了佤族的艺术成就。

沧源崖画局部

沧源崖画是我国目前发现的最古老的崖画之一，崖画绘制在垂直的石灰岩崖面上。已发现崖画地点 11 处，分布于云南省沧源县的勐省、曼帕、曼坎等地，一般均在海拔 1500 米左右的山崖上。灰色的石灰岩石壁上画有赭红色的画图，当地的佤族人称其为“染典姆”，意为岩石上的画。崖画上的人物图像，被佤族人们奉为“仙人”。千百年来，每逢旱季或年节，佤族和当地居住的其他民族都要到岩画地点举行庄严的祭祀活动，点燃香烛，摆上象征吉祥的祭品，祈求风调雨顺的好年景。崖画各地点的画面距地面高 2-10 米左右，画面积长 1-30 米不等，画幅小者为数个零散图形组成，大者图像数以百计，动物 187 个，房屋 25 座，道路 13 条，各种表意符号 35 个；还有树木、舟船、太阳、云朵、山峦、大地等图像。人物图形的描绘以单色勒和单线加平涂，省却五官等细部剪影式手法绘制，通过变化多端的四肢表现人物所从事的各种活动。这些图像多有一定的中心

翩翩起舞的佤族少女

内容，其中有狩猎、放牧、舞蹈、归家、娱乐等画面，真实生动地记录了先民们生产、生活的各种场景。

从沧源崖画的表现形式和绘画内容看，以舞蹈和狩猎场面居多，也有表现生产劳动与原始宗教祭祀情景的。它们主要反映了沧源崖画地区先民狩猎、放牧、村落、战争、舞蹈以及宗教祭祀活动等。图形分为人物、器物、房屋、动物和神话历史人物、自然物、符号及手印等七类，内容丰富，构图风格简练、粗犷、奔放，人物和动物形象千姿百态，栩栩如生，独具特色。在一块长 30 米的山崖上，舞蹈、狩猎人物及牛、猴、鸟等动物图像多达数百种，体态形象逼真 。其中的人物均为裸体，男多女少，大多数都有头饰尾饰，手中工具均为石器，骨角器和竹木器。每个画面都有一个中心内容，如“三人围五兽图”，民族学家认为这是原始人狩猎生活的反映，舞蹈家则视为原始舞蹈中的“狩猎舞”，众人围猎野牛、野象的场景，是生动的集体狩猎图。还有一幅类似庆祝胜利凯旋的场景，一群胜利归来的人们手执兵器，驱赶着猪羊，分成若干队伍走回村寨。 村寨用一椭圆线条围成，内有多座干栏式房屋。崖画中，还有叠立罗汉、头顶长杆、弄丸、舞流星等“杂技”表演的画面。崖画表现手法古朴独特，画人体多勾勒成三角形，面部不细绘五官，仅通过四肢部位表现出人体的动作、体态与感情。描绘动物也省略细节，粗线条地勾勒出角、尾、耳等。此外还有关于剽牛祭酒、驯牛、出征、丧葬等，反映了原始人类从穴居到村落的发展过程，真实地描绘了一幅佤族原始社会生活的百态图。

除此之外，佤族谚语也是佤族艺术中不可忽视的瑰宝。佤族谚语是佤族人民长期生产、生活经验的积累与总结，是佤族文学的升华与提炼，也是他们各种社会生

崖画反映了佤族先民的智慧和丰富的想象力

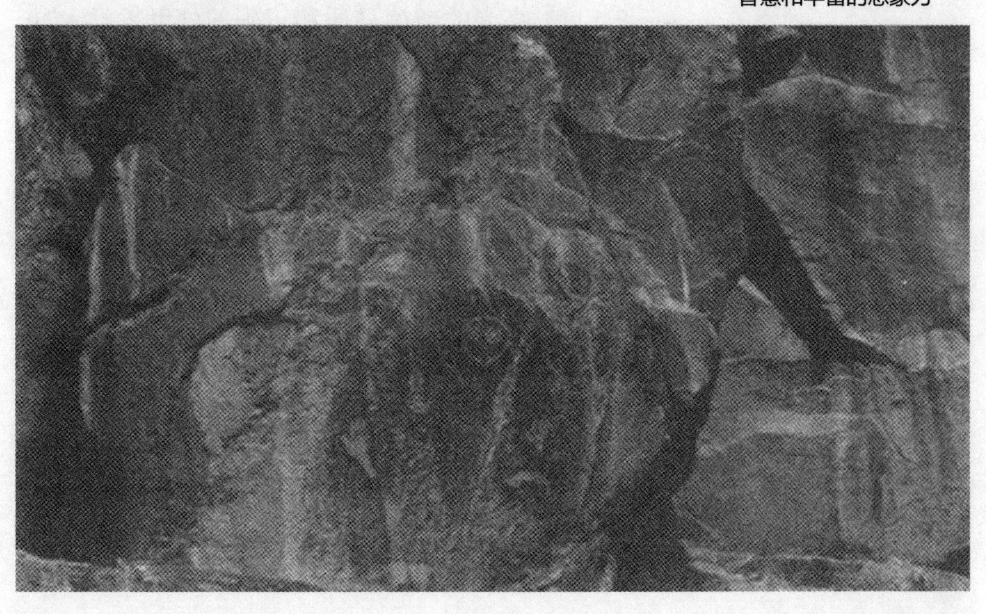

佤族人用舞蹈来表达内心的情感

勤劳、乐观的佤族人

活经验的语言艺术结晶，还是一种有教育意义、有认识作用并富含哲理的民间俗语。它生动地表现了佤族劳动人民健康的生活态度，高尚的道德品质和正确的处世哲学。如：人忙在下种时，人乐在秋收时。勤快的人吃盛餐，懒惰的人守冷灶。懒狗拾不着骨头，懒汉讨不着婆娘。一棵竹子不成篷，一人做事难成功。

天晴不要忘带水，下雨不要忘带伞。砍树看纹路，说话讲道理。认理不认人，帮理不帮亲。会叫的狗，不一定是好狗。会说的人，不一定是好人。沙子生不着火，公牛下不了崽。

五　蕴藉丰富的佤族神话

佤族民居一角

佤族有着自己丰富的历史，因此也创造了自己独特而丰富的文学，以《司岗里》为代表的佤族神话形态富于典型性，为我们探求神话存活的文化氛围、审视较早时期神话的演述形态、描述功能等，提供了弥足珍贵的资料。但是由于建国前佤族没有自己本民族的语言，所以佤族的文学多是传颂的口头文学，1949年以后才有了自己的语言，创作了自己的书面文学。但即使是口头文学，也同样是多姿多彩的。佤族的民间文学形式多样、种类繁多、丰富优美，仅是题材和种类就有神话、传说、故事、寓言、童话、叙事长诗、短歌、民谣、谜语、谚语等，它们反映了本民族的历史、生活、理想和愿望，同时展现了自己的审美观念、道德观念、宗教信仰和风俗习惯等，是我国民族文学宝库中一朵不可多得的奇葩。佤族的口头文学内容颇丰，涉及到人类的诞生、万物的生存，婚丧礼俗，生产生活等众多方面，在我国少数民族文学艺术中独具一格。口头传说以动物或动物与人为主人翁题材的故事尤为丰富，寓意深刻，有山地文化特色。而在山地文化中，佤族的神话所表现的汪洋恣肆，天马行空的想象和反映生产生活创造的相对完整

性，无记在心坎上。阿佤从此没有文字，阿佤不愿离开司岗，他们希望有一天，兄弟又回到身旁。原来，在阿佤还没有走出司岗时，不慎将火种落在干草上，燃起了烈火，烧掉了阿佤文字，后来，阿佤就没有离开阿佤山，期待着兄弟们的重逢。

即使没有了文字，阿佤也同样创造了自己的奇迹：民间文学丰富多彩，生动有趣。如开天辟地的神话和关于人类起源的神话等，充分体现了阿佤人民丰富的想象力：

天在形成之初，像癞蛤蟆的脊背，疙疙瘩瘩，让人看着很别扭，不舒服。后来，“利吉神”“里”用巴掌把天磨得滑溜溜、亮晶晶，

风景宜人的阿佤山

佤族民居内的生活用具

像白鱼的肚皮一样光滑平坦，并在天上安上了太阳、星星、月亮。“路安神”“伦”用泥巴堆出了高山、深谷、河道和海堤。当时的天和地还没有分开，距离很近，是用铁链拴在一起的，而且只有白天没有黑夜，地上的生灵快活不下去了，于是“达能”便用巨斧砍断铁链，使天地分开。“里”和“伦”把大树放进了月亮里，分出了白天和黑夜。

无论是天神“利吉神”“里”,还是地神“路安神”“伦”，或者动物神“达能”，都是佤族远古神话中的创世英雄，他们有着非凡的本领，又有着原始初民那种普通人的情感和欢乐（如阿佤人认为天和地是一对夫妻，当他们分开时，因伤心而哭泣，他们的眼泪化成了雨水、露珠和云雾）。佤族人非常敬重他们，在现实生活中，把长者、爷爷尊为“达”，就是出于对动物神“达能”的尊敬。

佤族人喜爱小米雀，讨厌豹子。传说在人类还未从石洞里出来时，动物界和植物界引发了一场关于“该不该让人类出来”的大

佤族民居一角

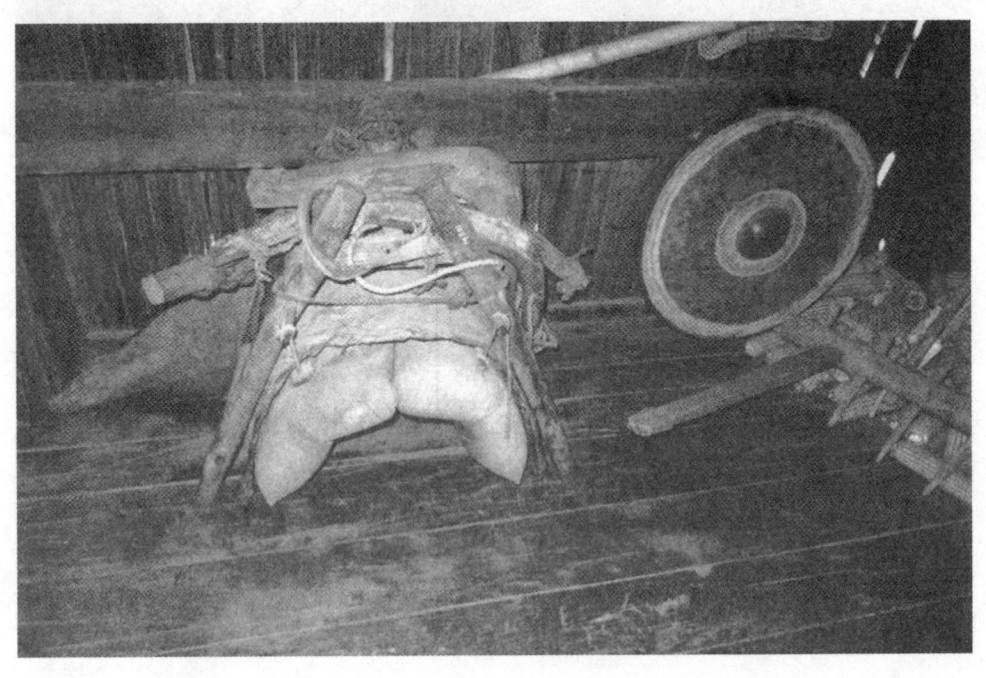

佤族人讨厌豹子

讨论，结果是大多数的动植物都欢迎人类，只有大树最不愿意让人类出来，然后是豹子。最后，小米雀在苍蝇的配合下啄开了洞门，人类得以走出来，可是最先走出来的三个人都被豹子咬死了，于是老鼠咬住豹子的尾巴，使得豹子不敢再咬后出来的人。而大树因没有压断蜘蛛吐的丝而自愿服输。于是，那只让人从石洞里出来的小米雀成了佤族人民尊重和喜爱的神鸟，而人们也尊重为自己走出石洞立过大功的苍蝇、蜘蛛和老鼠。

佤族村寨，这里的神话传说数不胜数

从石洞里走出来并活下来的人类身上灰扑扑的，面貌不清，于是造人之神莫伟吩咐妈农做了人类的第一个母亲。母亲领着这些孩子们去阿龙黑木河洗澡，才使得人的面貌清晰了。

佤族的神话传说中还有一个奇妙的故事，是关于人类生育问题的。传说，人类刚从石洞里走出来时，不知道怎么生孩子，于是，佤族先民们就去请教造人神。碰巧莫伟喝醉了，瞌睡中迷迷糊糊说："让男子去生娃娃。”这下可难坏了男子。男子平时干的都是重活：打猎、盖房子、种地，在哪里怀娃娃呢？肚子里肯定不行了，怀里揣着一个娃娃怎么去干活呢？想来想去，男子决定在膝盖上怀孕娃娃，九个月过去了，娃娃总是长不大。有一天，大人叫蟋蟀娃娃去看守晒谷场，娃娃很听话，就抬了一根竹竿在篱笆边蹲着。太阳火辣辣的，几只饿急了的公鸡跑来偷吃谷子，娃娃举起竹竿就打。谁知公鸡不怕蟋蟀娃娃，被打

在佤族的神话传说中，佤族人是向牛学说话的

民俗丰富的佤寨

恼了，跳起来就把蟋蟀娃娃给啄死了。娃娃的爹妈很伤心，又去找莫伟，莫伟才明白自己酒后说错了话，于是，他向女人宣布：以后由女人生娃娃。从此，生娃娃的事就变成了女人们的事情了。这是多么奇妙的想象啊，充满了浓郁的人情味。

每一个民族都有着自己独特的思维，因而创造出具有本民族特点的神话传说和民间故事，但故事中所表达的对美好生活的向往和追求，对真善美的追求和对假恶丑的批判都是一致的。佤族先民们在长期的生产生活实践中，充分发挥自己的想象力，创造了丰富的故事：有关于动植物的故事，有关于爱情的故事，还有关于机智人物的故事。每一个故事都显示了佤族人的智慧。

例如在佤族人中流传最广、最脍炙人口的《艾惹若的故事》就是一个追求自由和幸福生活的爱情故事。故事是这样的：

传统佤族民居

美丽的阿佤山茶园

艾惹若是个孤儿，从小受尽了人间的苦难，还经常遭受富人和坏心肠的人的侮辱和歧视，没有人愿意教他上山打猎，也没有人愿意教他下河捕鱼，长大了还没有娶老婆。有个叫珠米的富人，想看他的笑话，就叫他

佤族房屋内景

把自己捕鱼的渔笼挂在树上捕鱼，都知道“缘木求鱼”不可得，但艾惹若不知道，他信以为真，就照着珠米的话做了。河里善良的龙公主知道了，对艾惹若产生了怜悯之心，为了帮助可怜的艾惹若，她化成了一条小白鱼，钻到艾惹若的渔笼里。艾惹若看到这条小白鱼既可爱又可怜，就不忍心吃掉它，把它放到小缸里养着。此后，公主经常背地里帮助艾惹若。有一天，艾惹若趁其不备，捉住了龙女，向她求婚，龙女答应了。于是他们一起来到龙宫，告知龙王夫妇。但龙王不愿意自己的女儿嫁给一个孤儿，就百般刁难。头天要艾惹若

佤族人的生产工具

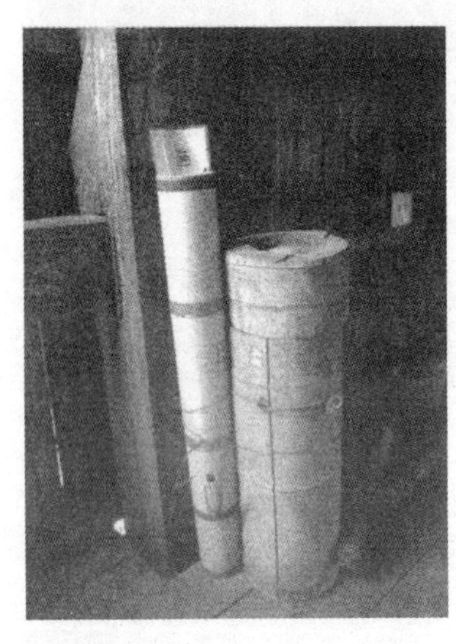
佤族竹筒烟

耕完能撒一箩红米的荒地，第二天又让他挖完能撒三箩黄豆的土地，在龙女的帮助下，艾惹若按时完成，并提前撒上了种子。可龙王又说日子不好，要他从土里捡回那三箩黄豆，捡回后，龙王又说少三颗，原来是被斑鸠吃掉了。艾惹若在公主的帮助下，射死了斑鸠，找回了那三颗黄豆。但龙王和王母还是不同意，又让艾惹若认出变身的自己，艾惹若认出了变成黄牛的龙王和变成大鱼的王母。可是龙王还是不答应，说要艾惹若变成别的东西，如果他们认不出来，就把女儿嫁给他。艾惹若缩小身子躲到龙女的针盒里，龙王怎么也找不着，终于认输了，就答应了二人的婚事。龙王为他们举行了盛大的婚礼。两人回到了人间，过上了自由幸福的生活。

然而好景不长，荒淫无耻的王子听说了公主的美丽，就派人把龙女抢回了王宫。龙女始终坚贞不屈，等待艾惹若的搭救。艾惹若很着急，就去问算命的老人，老人告诉他，杀只小狗丢在路上，引来绿头苍蝇后跟着走。艾惹若跟着苍蝇来到了王宫，见到了心爱的龙女。龙女叫他打下一百种鸟来救她。艾惹若不辞辛劳、日夜奔波，终于打了一百种鸟交给龙女。龙女用鸟皮缝了件鸟衣要王子穿上，为了讨好龙女，王子穿上百鸟衣。王子的狗却不认得穿着百鸟衣的王子，以为他是外来人，跳起来，把他咬死了。艾惹若和公主胜利了，但是他们不贪恋王宫的荣华富贵，又回到自己的家，靠劳动过着幸福的生活。

除了这些故事外，还有《老倌和鳄鱼》《黄牛、水牛和豹子》《地松鼠和阳雀》等揭示伪君子和残暴者必遭惩罚的真理故事；《谷子就是金子》《风猴的故事》《燕子为什么住在房檐下》等批判懒汉、赞颂勤劳的思想故事；还有揭示骄兵必败的《骄傲的老虎》等等。每一个故事都是佤族先民智慧的结晶。

佤族人使用的捣具

六 独具特色的佤族习俗

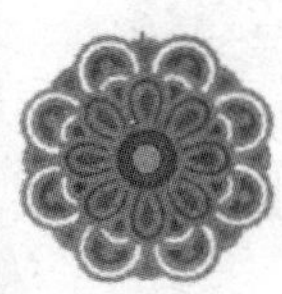

佤族民居近景

佤族是一个注重礼仪的民族，尤其是尊老的民风民俗尤为盛行。到了佤寨，你就能深深地体会到佤族的尊老风尚。例如，在各种宴席上，人们都会把老人请到上等座位上，以示对老人的尊敬；敬酒时，老人先喝头道酒，然后其他人才开始喝酒；宴席上的鸡头一般不能随便动，必须敬给老人，因为鸡头象征着吉祥如意；平常日子里，怕影响老人休息，人们不随便坐在老人的位置或者床上，青年人和孩子们更不能在老人面前说脏话，或者有粗鲁的行为……

在阿佤人的心目中，老人是村子中的长辈，精通并掌握本民族的历史文化，学问渊博，社会阅历又很丰富，是佤族知识文化的传播者和体现者，具有出众的才能。因此人们非常尊敬老人，形成了一种良好的社会风尚。“洗脚礼仪”就是一个例子：

当一对年轻的恋人真心相爱结婚时，在婚礼之后，人们会聚在一块谈天说地，开开心心地玩耍。这时，新郎、新娘便迅速麻利地烧好一锅温度适中的洗脚水，开始给老人们洗脚。洗脚时，新人们恭恭敬敬地跪在老人面前，各自扶住老人的一只脚，两手在老人的脚上轻柔地洗搓。洗完之后，用毛巾将

佤族节日欢庆场面

水渍擦干净后，给老人穿上干净的鞋袜。每一位老人都会被轮到，若有个别的老人偷偷地跑回家，会被聪明伶俐的新人发现，最后还是会被请回来的。可见老人在佤族人心中的地位之高。

（一）佤族的节日习俗

山有山的内涵，人有人的性格，寨有寨的传统。佤族信仰原始多神教，所以节日和宗教活动是连在一起的。因此，在猎人口、砍木鼓、祭虎豹等节日时，大家都要身着节日盛装，不能下地干活，要杀猪剽牛、过滤水酒等。这些节日活动的时间

佤族原盘蒸饭

并不固定，也并非是年年如此。

佤族的新米节既有浓郁的民族特色，又有较深的思想内涵。节日中佤族对“谷魂”的崇拜，就是对劳动的崇拜。它反映了人们追求美好生活的愿望和希冀，充分体现了古代佤族人民对美好生活的向往。传说很久以前，旱谷、小米和金子、银子都住在地面上。有一回，它们为争土地，金子和银子动手打了旱谷和小米，旱谷和小米便逃跑了。从此，人们没有吃的，吃完了树叶草皮，把山梁都啃凹下去了。先祖牙懂就派佤族、拉祜族、傣族和汉族到森林里把旱谷请回来；又派大蛇和蚂蝗从河底的泥沙里把小米请回来。

丰收的稻谷

金子和银子无脸见人，就钻到地底下躲起来了，把地面让给了旱谷和小米。人们为了感谢先祖，也为了安抚旱谷小米，秋收后就都要祭祀祖先和谷神。新米节这天，全寨各户要到主办节日仪式的头人家中集合，并献上一碗新米做礼物。然后就邀请三四个七八岁的小女孩，把她们打扮得漂漂亮亮的，让她们穿着节日的盛装，让她们每人拿着口袋去旱谷地和稻谷地里采摘稻谷，口袋里装有一只老鼠干巴，一个鸡蛋。一丘田采一穗，一块地里摘几穗装入口袋，这就是“谷魂”。拿到“谷魂”后，姑娘们就回到主办节日的头人家，然后就

松树在佤族人的眼中象征着吉祥

杀鸡、杀猪、滤水酒、煮糯米饭，还将小姑娘采回家的谷穗，剥上几粒丢进煮的稀饭中，饭熟后，主办仪式的头人就念祝词，看鸡卦，然后大家才能吃稀饭、吃糯米饭。大家都知道，这是“迎新谷”的美好日子。过了新米节，大家将喜获丰收，家家户户都能吃上香喷喷的新米饭，老人在家里喝酒、唱调子，年轻人上山打猎或者到野外斗牛、摔跤。当夜幕降临，年轻人踩着洁白的月光，在舞场上唱歌、跳舞，高高兴兴、喜气洋洋。

佤族也过春节，而且佤族的春节别有一番情趣。节日前的一段时间和汉族的相似：准备一些好吃的东西、酿制水酒，大人、孩子染织或买一套节日的盛装；房子要修葺，砍足一年烧用的柴火。临近节日，男人们修水沟、迎新水，女人们割草、准备马料，还要打扫村寨，房前屋后、里里外外。这一切准备工作都做完了，就差不多过春节了。

在舞场上栽松树是过节的标记。农历大年二十九，人们在村寨中的舞场上栽一棵松树。春节祝酒辞的首句说“花桃树叶发了，松树叶茂了，凶恶随着旧岁去，吉祥伴着新年来”，形象地描述了春天的美好景色，以及人们真诚的愿望。

佤族特色食品——糯米粑粑

在云南过新年，除了享受一场视觉盛宴外，浓烈香郁的民俗特色美食更令人垂涎欲滴。糯米粑粑是佤族的特色食品，农历大年三十，家家户户都早早起来舂糯米粑粑：先将糯米泡好再蒸熟，然后倒入舂臼里用舂杵舂细，在簸箕上擦好芝麻，将舂细的饭捏成一坨，揉搓成小圆球，再在簸箕上一按，就成了一小块、一小块月牙形的粑粑。

春节期间请本寨德高望重的老人们来家里喝酒祝辞，大意是祝愿大家在新的一年里平平安安、六畜兴旺、五谷丰登、吉祥如意。大年初一早晨，头人就派人鸣枪、放炮，宣布新的一年到来。这时各家各户

佤族欢庆节日场面

都起来迎新年的“新水”。这天是戒忌日，人们除了吃饭之外，什么活都不能干，也不能出寨门，外人也不能入户，人们只能在家闲着。不过，女人们一般都趁此机会晾晒衣服、洗澡、梳妆，男人们可以理发、修容等。初二清早，头人家就响起了隆隆的炮声，敬告大家：今天亲朋好友要相互拜年，新姑爷必须到岳父母家拜年。之后，大家开始忙碌了，穿上新衣新鞋，携带礼物去父母家里、岳父母家里拜年。佤族拜年通常是逐家逐户地拜一下，备有家宴的吃一点，没有的喝上两杯水酒就行了。

这天大家特别高兴，心情也十分舒畅，

佤族“丫”型木桩——司岗桩

有说有笑，整个村寨显得十分热闹。从初二开始，就要跳春节舞了，也叫打歌。打歌习惯在下午四点左右开始，直至深夜，佤族的公共舞场在佤族村寨中心，任何人都不得占用，舞场中心栽有一棵“丫”字型的木桩，佤族人叫它司岗桩，歌舞时就围绕着这棵司岗桩转。跳司岗桩一般都是由头人主办，那些不会生育或者有生育能力而娃娃不曾存活的人家也可以办，但要经过头人的同意，一旦开始办，就要连办三年，意思是让大家践踏他的晦气。

佤族过年一般都是七天，也有五天或十二天的。

佤族人欢度火把节

佤族节日中的第一个节日是火把节，堪称节日中的老大。佤族视它为灭灾驱鬼、送旧迎新、预祝家事平安、五谷丰登、六畜满圈的隆重佳节。在佤族看来，这个节日是旧的灾难、饥饿、疾病的结束，是新的吉祥、平安、幸福和快乐的开始。过节之前，老人或头人要挑选红毛公鸡和毛色纯的小公鸡举行祭祀仪式。这天凡是家里的东西都要拿回家里来：把家禽赶回来，把生产、生活工具全部拿回家，而且家人不能在外地住宿过节。

过节那天，早上要派女孩子拿着装有一只干老鼠、一只鸡蛋的口袋到旱地里去摘小米叶子，如果小米已经出穗的也要一两穗装在口袋里。回家后就用那只干老鼠、鸡蛋、一碗米煮小米魂饭。煮饭时要将小米叶子、小米粒放在簸箕上，饭熟后把干老鼠、鸡蛋取出来，由老人坐在簸箕旁边，边念祝词，边一点一点掐老鼠的嘴、脚、尾巴等，一处一点放在芭蕉叶上，又将取来的小米叶、小米穗捆拢收好。祝辞念完后就剥鸡蛋看卦，小米魂来好不好、齐不齐可在鸡蛋里看得出来。最后由几个男士分吃稀饭。佤族之所以要先叫小米魂的原因在于小米在种植的庄稼里成熟得最早，所以叫小米魂。若生人或者怀孕的妇女在叫魂前先吃小米，小米穗粒就会干瘪不饱满，或者会遭虫灾、风灾，那年就不丰收，叫了小米魂之后，即便那些生人或者孕妇拿来吃，也不会发生什么事情。

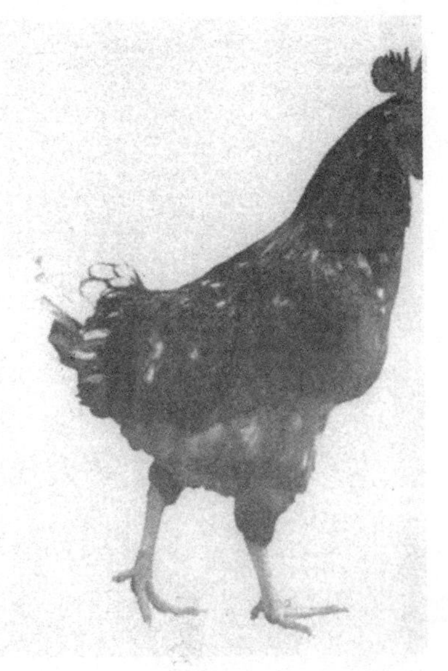

过节之前，老人或头人要挑选毛色纯正的公鸡举行祭祀仪式

佤族叫谷魂、叫人魂、叫小米魂，都要用老鼠。传说在很久很久以前，世界上发生了火灾，就连谷种也被烧成了灰烬。人们没有谷种，就到处找啊找啊，终于在旱谷地边大石头缝里发现几粒谷种，可是缝隙很小，人们怎么也拿不到。这时恰好老鼠到地里觅食，于是人们就请老鼠帮忙，老鼠就跟人提条件：如果谷子熟了我先尝

尝，人们无可奈何地答应了。至今，当谷子刚刚抽穗还没有成熟时，就让老鼠先吃。

此外，还有另一个传说。有一天，谷魂打扮成几个漂亮的少女，来到村子里，分别到几户人家投宿，第二天，谷魂姑娘在返回的路上相互议论，一个说：我到的那家给我煮南瓜汤，明年我才不要来他们家了；一个说：我住的那家给我煮老鼠稀饭，味道不错，明年我还要去他们家。这话被一个放牛娃听到后，回去跟大人一讲，从此，叫魂都要用老鼠，要煮老鼠稀饭、煮糯米饭。有时还要杀鸡、宰猪。

（二）佤族的饮食及服饰习俗

佤族的村寨多建在山腰或小山巅

佤族的村寨多建在山腰或小山巅。在西

盟地区有的村寨已有数百年的历史，聚成了数百户的大寨。佤族喜欢住竹楼，部分改住土坯平屋，这是新的住宅形式。竹楼可分为上下两层，上层住人，下层关牲畜。房内陈设简单明了，必不可少的是一个供人使用的火塘和一个供祭祀用的火塘或供祭祀与牲畜饲料加热的火塘。

佤族地区生产稻谷，所以，佤族以稻谷为主食。佤族主食的做法有三种：熬稀饭、煮烂饭（即把米、青菜以及盐巴、辣椒、肉放进锅里一起煮，煮烂即可，味道极为鲜美诱人）、煮干饭（配以青菜等副食吃）。

小鸡煮稀饭，是佤族普及面最广、节

佤族美味的鸡肉烂饭

庆或待客的最佳粥品。佤族聚族而居，民风古朴，尊老爱幼，待客如宾。粥上桌后，鸡头必须昂立粥中，由主人将鸡头献给最尊贵的客人或年长的老人。客人应笑脸相接，不能拒绝，亲口品尝。吃此粥时，必饮佤族传统水酒，其乐融融。尝粥，五味俱全，鲜甜滋润，饭菜合一，滋补强身，尤宜老幼体弱者食用。有养肝、滋阴降火，增加奶汁之效。因此，佤族妇女在生育时，要用一只小母鸡引乳，这只小母鸡就叫“引乳鸡”。把小母鸡杀后加米，放一点茴香和枇杷菜，熬成粥汤后给产妇喝。产妇喝了后乳汁会更多。

密集的佤族民居

鸡肉烂饭是佤族人民最喜欢吃的饭，也是招待客人最好的饭菜。它不同于普通的大米饭，既可当饭又可当菜。其做法也不难：取一只肉嫩的蛋鸡宰杀、去毛、剖腹后洗净，鸡杂用五茄皮菜叶包起放在鸡腹内，缝合，然后把整只鸡放入盛着山泉水的铜锅中，煮至七成熟捞出。然后把洗好的新米倒入鸡肉汤里煮，待米快煮干时，将锅端下来放在火炭上，把熟了的鸡肉撕成丝，撒在饭面上拌匀，将鸡头插在饭中央，再盖上锅盖焖 15 分钟即可。在吃烂饭前，要由在场最年长的人先拿鸡头，佤族人认为鸡头和鸡杂要给老人吃，是对他们的尊重。

火塘煮饭

佤族热情好客，客至以水酒相敬。水酒用小红米发酵后制成，多盛于大竹筒内，插入细竹管吮吸。佤族民间有“无酒不成礼，说话不算数”的说法。可见，水酒在佤族人民生活中所占的地位之重。佤族人喝酒有一套规矩：必须一一敬酒。敬酒时，同样是先敬给现场最尊贵的客人，客人接过主人敬的酒后，先要用右手指沾出几滴，滴在地上，并口中念祝福的语言，表示敬主人的祖先。主人在敬酒时要敬所有在场

佤族传统水果——槟榔

的人，有一个被漏下，就会被认为是不合“阿佤理”的。

另外，佤族男女都喜欢饮苦茶、吸烟和嚼槟榔。佤族煮苦茶，要用一个大砂罐，若无砂罐也可用大茶缸。茶叶，一般用粗制绿茶，或自制的大叶茶，煮一次茶放茶一两左右。在火塘上像煮菜一样慢慢地煮，要把茶叶煮透，并煮到罐中的茶水仅剩下三五口为止，所剩的这几口就是苦茶。饮时习惯于把罐抬起来喝。在沧源糯良乡一带的佤族，新煮出来的茶水，浓得几乎成了茶膏，喝上半口也就足够解渴了。这样煮出来的苦茶，色如煨出来的中药汤，喝时虽然味苦，但喝后

嚼槟榔是西盟佤族男女老少非常普遍的一种嗜好

觉得清凉，它对气候炎热、远离寨子在田里劳动的佤族人民，具有神奇的解渴作用。而嚼槟榔是西盟佤族非常普遍的一种嗜好。据说，嚼槟榔有防蛀牙的效果，并且在嚼槟榔时，会把嘴唇染成红色，佤族人以此为美。此外，佤族不喝开水，习惯饮冷水。

佤族服饰多以黑为质，以红为饰

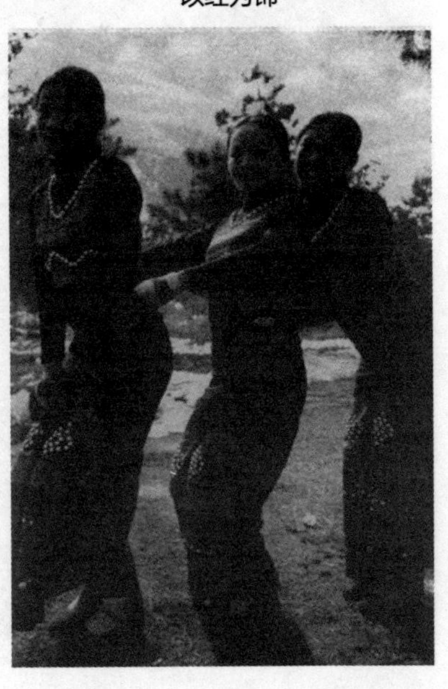

佤族妇女都从事家庭纺织。由于生产力水平低下，家庭纺织满足不了他们生活的需要。长期以来，佤族缺衣少穿是很普遍的现象，有的妇女只穿一条麻布裙，有的男子只有一块遮羞布。男女皆赤足，不穿鞋子，也不会做鞋子。佤族崇善红色和黑色，服饰多数以黑为质，以红为饰，基本上还保留着古老的山地民族特色。西盟地区的男子用黑布或红布缠头，上身穿无领短衣，裤子短而宽，喜欢赤足。青年男子身佩长刀，颈带竹藤圈，头戴银箍，身挎背带，显得威风凛凛。他们喜爱装饰品，耳朵穿孔戴大圆耳环，手腕戴银镯银链。或涂上天然色料，或取决于自然的色彩，为男女老少所喜爱。佤族妇女多留长发，不梳辫子，头发多披肩洒向脸颊两侧及肩背，用银质发箍从前额到脑后把头发拢住，或用饰有银珠的马尾发网网住，这样既可保证头发不散落于前而影响视线，又显得美观大方，使用也很方便。发箍是佤族妇女最具特色的头饰，在我

佤族女子配戴的饰品复杂精美

佤族头饰极具民族特色

国各民族中只有佤族使用，是识别佤族的最简明的标志。它呈半月形，中间宽，两头窄，长约三十多厘米，中部宽约十厘米，多用铝、银制成，也有竹藤制的。女子着黑衣红裙，上衣十分短小，紧身，衣领呈“V”字形，盖胸露腹，无领，对襟，短袖。两袖和前襟均用线缝合，再配上彩织的花纹短裙，颇具现代时装韵味。裙子过膝，常以红色为底，间有黑白绿黄条纹。耳悬银质大耳环，银环一至三个不等，颈戴两三个银质项圈和若干彩色料珠（有的料珠中还加有贝壳），再配上两三串鸟骨或贝壳制成的项链，五光十色，十分耀眼。裸露的腰腹部缠绕若干竹圈或藤圈，染成红或

不少的佤族民居还保持着古老的形式

黑色，有的还雕饰有许多花纹。大小臂间戴有银饰，或两三个竹圈银圈，手腕戴银镯二只，手指上也有戴戒指的，小腿缠竹藤圈数围。随着社会的发展，佤族的服饰也开始有了变化，出现了长裙、筒裙以及一些较有时代感的衣着和装饰，但佤族聚居的地区仍然保持着传统的民族特色，且大多数衣服的原料是自种的棉麻，经过自纺自织成布，按其传统的方式加工制作的，织出的图案像孔雀、白鹇等羽翎，有的像灵猫、鲮鲤等毛皮的图案。

佤族实行薄葬，村寨有共同的墓地。有些地区则保留将亡人葬于竹楼下或竹楼附近的习俗。

七　广泛的宗教信仰

佤族以信仰原始宗教为主，少数人信仰佛教

佤族是一个农业民族，但在很长一段历史时期内，生产力水平低下，不能科学解释自然现象，又无法摆脱自然和疾病带来的灾难，抵御自然灾害的能力比较弱，从而产生恐惧心理。因此，围绕农业生产便形成了很多敬神祈福的祭祀性活动，有的还渐渐形成定制，发展成为节日。“新米节”便是其中之一。

新中国成立前，佤族的宗教信仰是原始的自然崇拜，相信万物有灵，认为所有山川、河流和一切不理解的自然现象都有精灵，认为“鬼神”主宰世界的一切，会给人们带来安危祸福，于是就对其加以崇拜。佤族最崇拜的是他们认为的人类的最高主宰“木依

佤族人对自然界怀有敬畏之情

佤族人在过新米节

吉”，佤族每年都要举行宗教祭祀，以歌舞取悦于他：敲木鼓是为了使他听到鼓声下来受人供奉；新房子落成时还要搭竹凳请“木依吉”和众鬼神帮助摆脱大自然和疾病所带来的各种灾难。“木依吉”掌握着人的生命，梦见他是吉兆，梦见被他拉着走则是死亡的预兆，所以平时人们的一举一动不能触犯他，否则就会遭到不幸。民间认为“木依吉”是最高神灵，他似光、似火、似空气，无所不在，无所不能。他的五个儿子是分别掌管开天、辟地、打雷、地震的神和佤族的祖先。他们有大小之分，但没有任何统辖关系，只是各司其职，大

部分佤族地区信仰大乘佛教、小乘佛教

者管大事，小者管小事。所以，发生什么事祭什么鬼，才能消灾得福，而祭其他鬼神是无用的。如肚子疼只有祭“宏”，若祭“木依吉”也没用。除此之外，还有各种各样的水鬼、树鬼等等。部分佤族地区信仰大乘佛教、小乘佛教。

佤族的宗教祭祀活动内容广泛，除了前面我们所说的祭木鼓和“新米节”外，还有一个关于水的祭祀，用佤语说是“哟黑拉翁”，这是为了纪念人类洗脸之后才会说话。每年

阿佤山榕树王

佤历的一月三日都要举行隆重的接水纪念活动。

这天，全寨的人都不下地和出远门。清晨，主管寨内祭水的首领敲响木鼓，并大喊寨里人，人们听到呼喊声后，每户端着一碗米到主管祭祀的小首领家里。身强力壮的男子都到自家的竹篷中砍一根竹子，扛在肩上跟着“毕哉”到水源头修换水槽。“毕哉”把准备好的熟老鼠放在水槽边，口中念念有词，咒语念毕，大家开始动手把竹子劈成两半，修换水槽。当用新水槽接来的水进入村寨后，首先让寨中有威望的老人接水，并送到管水的首领家

佤族人摆在祭祀台上的牛头

部分佤族地区信仰大乘佛教、小乘佛教

里煮稠饭给大家吃，之后大家才能去接水来用。第二天一早，鸡叫头遍，姑娘们便争先恐后地起床背水，谁起来最早，谁就是最勤快的姑娘，就会受到寨子里男青年的称赞。

除了这些宗教活动之外，佤族还有砍牛尾巴、祭祀家神“阿依俄”、剽牛等活动。

另外，佤族的禁忌还有很多：如禁止坐在舂米臼上，否则认为米会碾得不干净；禁止任何人坐在门槛上，认为这样会挡住财神进屋的道路。

佤族人拥有独特的信仰文化